# وجع القصيده

طارق التريري

Published by طارق التريري, 2022.

While every precaution has been taken in the preparation of this book, the publisher assumes no responsibility for errors or omissions, or for damages resulting from the use of the information contained herein.

Also by طارق التريري

**طارق التريري: الأعمال الكامله**
قلبي اللي عِشقِك
على باب الله
على باب الله
لما كانت مصر دوله


**Standalone**
التُهمه عربي
الصُبح في بلادي
إنفصامستان
سُلطان العاشقين
في بلاد الأي حد
قُليل لما بشتاقلي
كُل العساكر كدابين
دم الحُسين
دوايرك
عند باب الحلم
ذكريات الميدان
لاجديد
خاسر
صباح القُدس
وجع القصيده

فارس بلا مُهره
شهريار لم الحكايه
لا جديد
ماكبرتش ومش عايز اكبر
قادر ربك يفرجها
إبتلاء إن انتا مصري


Watch for more at tarqablog.blogspot.com.

لكُل مُحبي الشعر

# ثورة المأنتخين

مش حتقوم علشانك ثوره
وانتا مأنتخ كده فى البيت
أو يوم ينزل حد بدالك
ويجيبهالكو لحد البيت
وانتا تتنقى حلول بمزاجك
كان غيرك أشطر ياعبيط
ف الثوره بيصنعها رجالها
مش شلة خصيان كتاكيت
بتصوصو بس على الفاضى
وفى الأخر تتمنى ياريت
حد مكانهُم يعمل ثوره
ويهديهُم راس الطواغيت
ياخدوا اللقطه معاها وهُما
ع الكنبه وقاعدين فى البيت
يهبدوا برضو كمان كم فتوى
عن دورهُم وكتير حواديت
وخططهُم للعهد القادم
مع إن أخرهُم كتاكيت
أرجلهُم مستنى الثوره
تتغلف وتروحلو البيت
ويمزمز فى حلول بمزاجو
وينقى ويبدء تخطيط
فين حقو؟ وفين حق قرايبو؟
والثاير؟ يعتبرو عبيط
ضحى بعُمرو وضيع نفسو
وكان مُمكن يُقعد فى البيت
على ما تجيلو الثوره دليفري
ودا طبعاً شرع الهلافيت

# سُكان الشِبه دوله

سُكان الشِبه دوله
أهلاً أخباركُم ايه؟
بالله تطمنونا
وبجد عملتوا ايه؟
من غير طبعاً شتيمه
أو سب ولعن ايه؟
حافظينو خلاص مُقدم
وبنتعود عليه
مابقاش يفرق معانا
ولا يوم بنبُص ليه
يمكن عِميت عنينا
م الغِل اللى احنا فيه؟
والحِقد اللى ف قلوبنا
وخيانه وأبصر ايه؟
مُش قادره تشوف نعيمكُم
والعز اللى انتوا فيه؟
فسيبوكُم منا خالص
وقولولنا عملتوا ايه؟
حققتوا الحِلم ولا
لسا بتتهجوا فيه؟
طرح العسكر جناين
ونعيم وعدوكو بيه
ولا خازوقهُم تاعبكُم
لسا وقاعدين عليه؟
بالله تطمنونا
وبجد اخباركو ايه؟

# الأهلي

الأهلى عشق ومعشقه
وقصة حياه
جاهز ودايماً للفرح
ولا مره تاه
عن إنو لازم يسعدك
ولا مره اه
حتى فى هزايمو بدمعتك
بتكون معاه
وتنادى عافر يابطل
وارجعلى ياه
رمز البطوله وعزوتي
سند الحياه
ومهما الليالي تغيرك
يفضل هواه
سكة طريقك للفرح
طوق النجاه
دا لأنو صاحب ضحكتك
من عُمر ياه
مولود بتحلم بالبطل
وتسير وراه
ولكُل واحد سِكتو
وعشقو ورجاه
والأهلى يفضل عشقنا
وأسلوب حياه
وف عشقو كُلو بيتحد
والفرق ياه
أبداً ماتقدر تلمحو
وتحسو ياه
بين المفلس زينا
واصحاب لجاه

# أخِرتو السودا

خلاص والله بيخلَص
وبانِت أخرتو السوده
حيحزق أد ما يحزق
ويرجعلك يامو عوده
كأشباهو من السُفها
ب إيد فاضيه وممدوده
بمكياجو على الخِلقه
وصابغ شعرو ع الموضه
وحيتهته كما العاده
ويتقصع كما دوده
تلاقى الهم داخل لك
لو انتا محصن الأوضه
شتيمه فى أهلو م الشارع
بتفتح أى مسدودِ
سواء ودنك سواء صاله
سواء حتى جدار أوضه
مع دعوات من الطازه
بحُرقه ويد مشدوده
واصل للسما كفوفها
ومفتوحه ومفروده
خلاص والله بيخلَص
وبانت أخرتو السوده

# وطالع فيكي دين أهلي

ومتبهدل
وب اتبهدل
وح اتبهدل
وطالع فيكى دين أهلي
عشان صاين ومابعتش
ومتعايش على مهلى
وراضى بكُل مافيكى
وبتزيدى وتتجاهلي
عشان طيب
عشان أهبل
ب اقول يمكن حتندهلى
ومش عايز سوى حقى
وتعذيبى ودم اهلى
لا عايز منك الفيلا
ولا المنصب ولا الشله
وحقى بس تديهلى
ح اكون راضى وب ادعيلك
واقول عاشت وتستاهلى
مُجرد بس لا اتمرمط
ولا اتبهدل
ولا يطلعش دين أهلي
وتاخدى اللُقمه من بُقى
وتديهُم وتتجاهلي
دى أخر لُقمه فى إيدى
وأخر لُقمه عند اهلى
ياسيباهُم على كيفهُم
ووزاهُم على أهلي

# سيرة الطيبين

كُل شئ ب يروح لحالو
إلا سيرة الطيبين
كُل ما تقدم تعتق
تتغزل مع طول حنين
للشهامه وللمروؤ
ولونس مالي العينين
مش مُهم تكون عارفهُم
أو مُهم تكون منين؟
المُهم ان انتا فايت
تلقى جايلك مية يمين
مُستحيل؟ والله لازم
قهوه جاهزه ولُقمتين
وان عاندت اتلقى وعدك
كلمه بايخه وشتمتين
وايه ياعمى عربي انتا؟
ولا فهمك ده منين؟
واما بيشوفك فى همك
منو تنزل دمعتين
فجأه يبقى الهم همو
وف ملامحو نواح سنين
على صابك واللى جالك
واللى كان دا أصلو مين؟
واما تفرح تلقى سِنو
باينه مالى الوجنتين
ضحكه مش معروف حدودها
أو حتخلص بينا فين؟
تلمس الفرحه فى قلبو
تتمسك كما شئ مُبين
أو كأن الفرح فرحو
مش مُجرد لك مُعين

ع الهموم لما استباحت
بعثرت فيك الخزين
من عزيمه ومن مجاهده
ومن صلابه لكوم سنين
جففت فيك الأماني
يئست فيك اليقين
واللى سندك بس هيا
هيا سيرة الطيبين
كُل ماتقدم تعتق
تقنعك إنك متين
وان خلفك ألف ساند
بس عدى وقول أميين

# ثوره ورهان

لا الثوره خاضعه لرغبتك
ولا للرهان
ودخول أوانو لطرحها
للكُل بان
والكُل سامع خطوها
وادى الأدان
واصل لكُل الأفئده
مالى الودان
والكُل شايف حَملها
والوضع أَن
إلا اللى واهم واتخدع
فى الألُعبان
صدق وعود سيدو النتن
والأمريكان
تتغطى بيهُم تتفضح
وكتير ماكان
فى بلاد غريبه واهو اندفن
شاهها لإيران
ما ملكش حتى المقبره
وعلى شعبو هان
ولانفعو طولة خدمتو
ولا صولجان
واول شماته فى نكبتو
م الأمريكان
لا الثوره خاضعه لرغبتك
ولا للرهان
عن إن ديفيد يسندك
أو أمريكان

# لسا الإسلام ماوصلناش

إسلام الأمنجيه
إسلام البصاصين
فارد ع الكُل صوتو
زاعق فى المؤمنين
ياتخُشوا (الدين) معانا
ياتصيروا المطرودين
من خزنة شِبه حاكم
من جنة شِبه دين
متعود ع المُهادنه
ومسايرة أى مين؟
معمول على أد سيدهُم
وشوية بصاصين
بيغازل فى اليهودي
ويعادى المؤمنين
وبيدى الجزيه صاغر
ويحابى المُجرمين
والله ما دين ياسيدنا
ولا فيه ريحة اليقين
ولا فيه شرعة مُحمد
واصحابوا الطيبين
الدين دا من اختراعهُم
تجميعة ملعونين
على كام طبال وجاهل
وشوية بصاصين
إما الإسلام ف لسا
ما حكمش المُسلمين
لما حيُحكم ح تعرف
من رُعب البصاصين
على خوف الأمنجيه
وعويل الطبالين

# سلام لعرب اكتوبر

سلاماً سلاماً
سلاماً سلام
لكُل اللى شارك
وصان المقام
جزاير ومغرب
خلايجه وشوام
عراقى وسوداني
وكُل اللى قام
يعلى ف مقامك
ويدي التمام
يطاهره ف مقامك
ياعرض الكرام
ياطرح البشاير
يامسك الختام
ياعارفه الحقايق
وماسكه اللجام
يادايمه ياخالده
ياعشاقه الهُمام
بدمو رواكي
فى عز الصيام
وتحت المدافع
يصلى القيام
وكابد وجاهد
ونال الختام
شهاده ف سبيلك
ياعاليه المقام
لاخانك لاباعك
وطير حمام
وتاجر فى عرضك
بحبة كلام

ب أنو المهاود
وبطل السلام
سلامك ياطاهره
فى حفظ المقام
فى إنك قويه
وماسكه اللجام
وشامك خليجك
سودانك تمام
جزايرك ومغرب
وكُل الكرام
لاممهُم هواكي
وليهُم مقام
فى قلبك فى عقلك
فى همس الكلام
ب إنك أصيله
بتدي التمام
لكُل اللى شارك
وصان المقام

# رصيد الحساب صفر

لما فجأه تلاقى نفسك
سعرك أرخص م التُراب
والتُراب له سعر عنك
يا ابو صفر رصيد حساب
فجأه صرت ف غُربه وحدك
راحوا أهلك والصُحاب
واللى فاضل بس همك
والدخول فى سنين غياب
مهما دورت ف دفاترك
مُش بقايلك غير سراب
وانتا بتسايس فى حُزنك
منتظر يمكن سحاب
يفتكر لو يوم يزورك
يمنحك نُقطه لشراب
ترتعش وتبل ريقك
يا اللى أرخص م التُراب
طول ما جيبك لسا فاضي
وصفر رقمك فى الحساب
غُربتك بس اللى حاضره
راحوا أهلك والصُحاب

# العَجَز

دُنيا وراحت لحالها
عجزك فيك انغرس
مابقاش ليك فى الصبايا
ولا ترويض الفرس
بتتنام بعد المغارب
تتدارى من الجِرس
تندب على حظ فاتك
تتندم ع الفُرص
مابقاش فاضل كفايه
لحنك فجأه انخرس
قفلت بابها الحكاوي
ليلك مليان عسس
وحنينك بس ترحل
تخلص من دي القصص
قصة شيبك وضعفك
والعجز اللي انغرس
فنسيت لعب الصبايا
ونسيت ضهر الفرس
مابقاش فى العيشه لذه
وخلصِت كُل الفُرص

# امتى تتسهل شويه

امتى تتسهل شويه
وامتى تتعدل ياعم
كُل يوم بنقول حتفرج
واللي جاي دايماً يُغُم
يكتروا وتكبر كروشهُم
يشفُطوا ف كُل النِعم
واحنا فيها ندور ونشقى
وف النهايه حياة غنم
وان عاجبنا كمان نكمل
رقصنا فوق اللغم
لاجل ما يرضى اللى غاصب
رزقنا ومولى النعم
رغم إنو يادوب حرامى
رمه من ضمن الرمم
واحنا منتظرين ح تفرج
والسؤال مُمكن ياعم؟
تبتدي تزهزه شويه
ولا ح نكملها غَم؟
والأجابه الكُل عارف
بس عايش كالغنم

# بلد الواهمين

انا من بلد الواهمين
والوهم اعتدنا عليه
صاحيين نايمين قاعدين
حواليه بنصبر فيه
يمكن تتسهل يوم
ويحسوا ولاد الايه
ويقوم مسؤل م النوم
يسألنا جرالكُم ايه
أو حتى يخفوا اللوم
وكلام اعتدنا عليه
ان احنا زبالة الكون
وخرابو وأبصر ايه
عايشين شاربين واكلين
من وِرث سعادة البيه
رغم احنا العارفين
أصلو وصهينا عليه
وسكتنا وقولنا تهون
وهم اتعودنا عليه
يمكن تتسهل يوم
ويحسوا ولاد الايه
فجأه بنصحى من النوم
على حس وضيع وسفيه
مالى الدُنيا بأوهام
ونوطي نقول لُه يابيه
ما احنا ياعم الواهمين
والوهم اعتدنا عليه

# الوغد الأمريكاني

الوغد الأمريكاني
حالف يخصي الجميع
أصبح بيقولها علناً
لا كنايه ولا بديع
ولا فارقه معاه مشاعر
ولاتنهيدة القطيع
تدفع ح تنول رضانا
أو حتشوف الفظيع
أسبوع والتانى ثُم
مُمكن عرشك يضيع
تبنك كُل وانتا ساكت
كون الحمل الوديع
وبلاش تفتح فى بُقك
لاحسن راسك تضيع
ف الوغد الأمريكاني
صابح علناً يذيع
أسرار كُل اللى باعوا
خانوا وخدعوا الجميع
بكلام معسول وبانت
ريحة كذب الوضيع
غرقان ولحد شوشتو
فى الخزى وهات يا بيع
مابقاش فيه حد لابس
فجأة انكشف الجميع
كُلو بياكُل فى تبنو
مرعوب خايف يضيع
ف الوغد الأمريكاني
حالف يخصي الجميع

# نشاز

خِلصِت فجأه الأغاني
فاضل بس النشاز
فى بلاد راحت لحالها
فجأه وولعت بجاز
مابقاش مسموح تصرح
مسموح بس المجاز
وتلف تدور وتكدب
وتفكر بالإيعاز
تلعن صدقك ويصبح
كدبك هوا الملاذ
فى صلاتك وف زكاتك
حتى زيارة الحجاز
واتغزل فى اللى خانك
وادي عدوك جواز
يدخُل عقلك ويُسكُن
جنب اخواتو اللُذاذ
ضعفك عجزك خنوعك
وسكونك فى النشاز
فى بلاد راحت لحالها
خلصِت ولعِت بجاز

# جامع الأزهار

ويفضل للشريف حُزنو
وهمو والغياب فى الدار
ماعادش لطلتو معنى
ماعادش بيعرف الأسرار
ماعادش زينة القعده
ماعادش بتوصلو الأخبار
بقى فجأه كما الموميا
بقى فجأه حبيس الدار
بيدارى من الدُنيا
ويترحم على الأبرار
رفاق الدرب والرحله
صحابو ف طوله المشوار
وفجأه اتسرسبوا راحوا
حصدهُم جامع الأزهار
واديه مستنى ف معادو
ومتمنى يكون لُه فرار
من الدُنيا من الوحده
ومن ركنه فى فراغ الدار
ماعادشي حد بيعوزو
ماعادشي ب ملُك الأسرار
مواسم بهجتو خلصت
وسافر صُحبتو الأبرار
بقيلو بس تمتمتو
حنينو لجامع الأزهار

# حالك يا أبو قلب طيب

حالك؟ يا ابو قلب طيب

حال الأيام معاك؟

نفرح؟ بلُقاك قُريب

ولا بعادك غواك

خلاك كالعاده هايم

عطشان ولا يوم رواك

عشقك لرحيل ودايم

فايت لكتير وراك

حواديت وكلام وصُحبه

وقلوب تشتاق لُقاك

فاتحه الشبابيك وطاله

يمكن يُشرُق ضياك

ويهل خيالو ضلك

أو ترنيمة غُناك

لكن كالعاده دايماً

وهم بيصبح لُقاك

واهو بُكرا ب يطوي بُكرا

حال الأيام معاك

وسؤال دايم وخالد

امتى مواسم لُقاك

نفرح؟ بلُقاك قُريب

ولا بعادك غواك

حالك؟ يا ابو قلب طيب

حال الأيام معاك

# قتل خطأ

أسفين على دا الخطأ!
(مارقين) فى القُنصُليه
قتلوا المذكور خطأ!
جايين ل اجل السياحه!
وراحوا العنوان خطأ!
كان المذكور معدي!
راح داخل بالخطأ!
قابلو القُنصُل وقال لُه
يتفضل بالخطأ!
بعديها وتم دبحو
يعنى مُجرد خطأ!
عاجبك أهلاً وسهلاً
مُش عاجبك ف الخطأ!
نعمل قيمه لمشاعرك
فيكون أكبر خطأ!
خُلصِت وافهم ياجاهل
قولنالك كان خطأ
(مارقين) فى القُنصليه
قتلوا المذكور خطأ!
ودا شىئ فى بلادنا عادي
وبيحصل بالخطأ!

# واديك بتتعلم

واديك بتتعلم
وبتعرف الدُنيا
الناس بتتبدل
في جُزء م الثانيه
خُلصت مصالحهُم
بتشوف وشوش تانيه
مابقاش وداد باقي
مابقاش قُلوب صاينه
وانتا اللى ب تسامح
تدي فُرص تانيه
مع إنها واضحه
فيك الجراح باينه
عَجِزت من بدري
واهي دمعتك هاينه
حتى على نفسك
فوق الخُدود كاينه
بطل بقى تحلم
وتصدق الدُنيا
أأقفل بيبان قلبك
واسكُن بلاد تانيه
واغزل مواويلك
فيك ودع الدُنيا

# حاول تكدب على نفسك

حاول تكذِب على نفسك
واوهمها ان انتا بخير
رغم مرارة أيامك
رغم سنين التصبير
إن الأحلام راح تطرح
وتعاملك يوم بضمير
تديك لو جزء صغير
نُقطة وترويك م البير
الدايم بس عشانهُم
وانتا مرارة التفكير
ايه اللى رماك على مُرك؟
فى بلاد حصراً للغير
حاول تكذِب على نفسك
واوهمها ان انتا بخير
وماتستناش من غيرك
لاحسن تستنى كتير
ف ماحدش فاضي يواسى
وماحدش شايف الغير
كُلو بيجرِى على الأخِر
لاهث بيشِد السير
كُلنا مسكون بهمومو
كُلنا للغم أسير
لكن بنحاول نكدب
ونجمل فينا مصير
شايفينو وعارفين حتماً
إنو حيطرح للغير
وكالعاده حنرجع نندب
نُصرُخ لفراغ البير
اللى مادوقناش ولانقطه
والخير حصراً للغير

# موال العتمه

الدُنيا عتمه
والفرح سافر
لملم جراحو
وجابها م الأخر
ياتكية العسكر
ياحظنا العاثر
ياحُزننا الدايم
هَم ومالوش اخر
مكتوب على جبينك
يابخت من غادر
فاتك لخاربينك
خد جنب واتاخر
مادُمتى بتقاوحي
وتعاندى والأخر
سجنك لأحبابك
وتأمنى للفاجر
وبتعشقى العتمه
وتدوبى فى الغادر

# عرب الخراب

ويعيش دايماً ويحيا
ويدوم وطن العرب
لقطيع خُصيان تسوقنا
ومداين تتخرَب
حُكام مالهومش لازمه
ومواطن ينضرب
بالجزمه ولو يقاوح
مُمكن يدخل تُرب
والتُربه دى تبقى جنه
جنب سجون العرب
حتشوف فيها العجايب
وكرامتك تتسلب
بق وعته وقوارض
وكتير جداً جَرب
محظوظ؟ حُكمك مؤبد
وخازوق فيك ينضرب
حفله ودايمه لسعادتك
وأهات وكتير طرب
حصراً مخصوص ولينا
احنا ولاد العرب
عُشاق نُسجُد ونركع
مهما الوطن اتنهب
وقطيع خُصيان يسوقنا
وبلادنا بتتخرب

# حظ الطُغاه

ويا حظ ياااااااه
حود علينا ف مره
قول ازيُكُم
كيف الحياه
ولاانتا بس فى دى البلد
عاشق الطُغاه
دايماً سؤالك عنُهُم
صُبح ومساه
دايماً متابع خطوهُم
بحنين ويااااااه
لومره يعنى اتأخروا
أوحد تاه
فاضل تقوم تعمل حداد
وتروح وراه
للتُربه تُطلُب تتدفن
وتموت معاه
اما احنا؟ طبعاً
نظرتك لينا العُصاه
ولابُد دايماً ننتظر غضب الإله
والحد واضح نتقتل
تصفى الحياه
علشان حبايبك صُحبتك
نسل الطُغاه

# بلد الممنوع

ممنوع الحلم فى دي البلده
ملعون الشوق
أو همسك سراً عن بُكرا
أو شبه شروق
أو مره تجيب سيرة القاتل
من غير ما خازوق
يندهلك شرف والبسنى
من تحت لفوق
حذرتك دايماً ونصحتك
مُش راضي تفوق
البلده دى بس لغاصبينها
مُش بلد الشوق
لا هي بلد الحلم ولا المنطق
ولاحتى شروق
بلد اللى بيهمس لو سراً
يصبح مشنوق
يتعلق جهراً على سورها
منصوب كخازوق
ولأيُها حد ف يوم يحلم
أو ياخدو الشوق
يتجرأ مره ف يوم يهمس
عن شبه شروق
فى البلد الكارهه لأحلامها
ومُش ناويه تفوق
إلا وسُكانها بتتألم
كُلو على خازوق
ملايين بتعُض فى صوابعها
وحاسده المشنوق

# انتحار

كُل شىء
بينادى فيا على انتحار
الرحيل
كُتر السفر
والانتظار
والرجوع باليد فاضيه
والانهيار
والجُروح مُش عايزه تخلص
والسُعار
جوا كهف الروح بيشعل
ألف ناااااار
موجه عاليه ومركبى
فى وسط البحار
ريح وهبت كسرت فيا الفنار
والموانى مقفله وفين الفرار
والرحيل حتماً حيفضل دا القرار
قُلت أو خبيت حتختم
سكتى بألف انتحار
مهما يتأجل حيحصل
مُستحيل منو الفرار

# حواديت اسكندريه

كُنت على الشط ب اغنى
للبحر وسحر عينيكي
صياد من أهل (راقوده)
حالم باللى ح يبنيكى
فجأه وطالع (الاسكندر)
م الحلم وهايم بيكي
مليان عقل (دينوقراطيس)
برسوم وشوارع فيكى
نقشِك أبدع فى بُناكي
غرسك واتباهت بيكي
كُل مداين المعموره
دخلِت كُتاب حواريكي
داخله بتقرا ف مكتبتك
والدُنيا ظلام حواليكي
من (إقليدس) وعناصرو
للشيخ سيد يرويكى
ونديم وسلامة حجازي
ولبيرم ناضم فيكي
أشعارو ومُر الشكوى
وحنينو لضى عنيكي
موجوع فى الغُربه بعشقك
مُشتاق وبيهمس ليكي
امتى الأيام تضحكلو
ترسى مراكبو ف موانيكي
وكتير حواديت ياماريا
تتقال تتغزل فيكى
عُمر الحواديت ما بتخلص
لو كان الحكي عليكي
كُل طريقه وعُشاقها
والراوي اللي بيحكيكي

من عُشاقها لكليوباترا
للمُرسي الساكن فيكى
ولسا على الشط ب اغني
للبحر وسحر عنيكي
وكتير من بعدي حييجوا
ويدوم الحكي فى عشقك
والبحر وسحر عينيكي

# وجع القصيده

جوا القصيده كتير وجع
لحظة قرايتها
وانتا وحظوظك م الوجع
والشوق نهايتها
بس الوجع اكتر
ساعة كتابتها
وحدك بتتألم
وحدك بتنحتها
بتلم فى حروفها
تغزل حواديتها
وتحايل المعنى
تهدى ثورتها
خايف من الصدمه
لو بوحت وقريتها
وساعات بتهواها
وساعات تسكِتها
معانيها مُش كامله
واحسن تحنطها
تركنها يوم تاني
يمكن حواديتها
تسمح وتفتحلك
وتهون كتابتها
ومهما كان وجعك
عشقك كتابتها

# تسقُط الثوره

يسقُط حلم الثوره فى وطنى
ويحيا المقهور الغلبان
واللي مشاغلو بلُقمة عيشو
عُذرو الدايم لـ الإذعان
والتصديق لحكاوي سخيفه
إنو شريكهُم فى الأوطان
وان سكوتو دا غصباً عنو
وانو لابُد يكون فى أمان
وانو ح يعمل ايه غير يدعى؟
نخلص بُكرا من السجان
بس الكارثه بيرحل ظالم!
بيجي الأظلم منو كمان
يابلاد فيها الظُلم شريعه
وفيها الكلب بمية إنسان
كلب ف كامب وكلب ف فيلا
وكلب يطلعلك فى لسان
من عربيه تخاف تلمسها
واللي مالكها من الخُصيان
ليل فى نهار بيسمم بدنك
يا اللى (شريكهُم؟) فى الأوطان
إنك زاحم الدُنيا بأهلك
وان حلال فيك الحرمان
وان وجودك فيها دا منحه
وعطف ورقه من السُلطان
ف احمد ربك ع اللي بيجرا
عود نفسك ع الإذعان
وادعى بطولة العُمر لظالم
أظلم منو حييجى كمان
لو فكرت ف يوم بالثوره
أو صدقت فى دى الأوطان

أو فكرت ف يوم تتحرك
تُخرج من خانة غلبان
أخرك فيها اللُقمه وهدمه
وتدعى كمان لاجل السُلطان
أو ح يجيلك أظلم منو
ويبقى ساعتها مافيش غلبان
مات وحرقنا خلاص الجته
أصلو اتمرد ع الإذعان

# فى الهُموم انا شيخ طريقه

فى الهموم انا شيخ طريقه
وخايف اقول يمكن رسول
بس عارف بعد أحمد
لانبي ولا رسول
كُل يوم ب استنى تفرج
وانتظر يمكن ح انول
من بر اح الدُنيا لحظه
إذن بمعاد الوصول
للفرح أو شبه تفتح
مره لولاد الأصول
تتكسف يوم وتصالحهُم
دُنيا عاشقه تكون عزول
حظي منها يادوب وجعها
والغروب بعدو الأُقُول
واللى فاضلي الكأبه
وانتظار لو يوم تزول
والهموم مره تخاصمني
تعتبرني ف يوم عزول
وأبقى مره انا شيخ طريقه
فى السعاده وفى الوصول
للفرح واعرف طريقو
يبتسملي واقول ح انول
مره بس وابل ريقى
قبل ما يكون الأُقُول

# لا الرحيل ولا طول غيابك

لا الرحيل ولا طول غيابك
قدروا ثانيه يغيروه
عشقك اللى ف نبضى ساكن
واشتعال انا فيه ب اتوه
لما ب انطق بس أسمك
أو ب اشوف شبهك وجوه
والكلام عن دُنيا بعدك
عُمر مرا ما صدقوه
لا الضلوع ولا دق قلبى
أو كلام بيرددوه
إن يعنى الصبر مُمكن
يا ما قبلك جربوه
رد نبض وريدي جاوب
فى استحاله تصدقوه
رعشة العشق اللى فيا
واللي لما بتلمحوه
تستعيذوا من انهيارى
والعجب يملا الوجوه
ان لسا ازاى دا عايش
تستعيذوا تجربوه
رغم إن يادوب دي رعشه
لاشتعال انا فيه ب اتوه
لما ب انطق بس أسمك
أو ب اشوف شبهك وجوه
ومهما طال البُعد لسا
لسا فيا بيرسموه
ضحكتك همسة عيونك
وافضل ادخُل فيه واتوه

# وب اعذُر كُل من فاتني

وب اعذُر كل من فاتني
وسابني فى الطريق وحدي
مصالح و انقضِت خُلصِت
ماعادشي بيلزمو ودي
ماعادشي بتعجبو السِحنه
ماعادشي بيعجبو ردي
وباديه الدُنيا تضحكلو
خلاص راقت واهي بتدي
خلاص مابقيتشي من توبو
بقيت كوبري وبيعدي
بقيت سُبه بقيت تُهمه
بقيت فيرس كمان مُعدي
فلازم مني يتعالج
ولازم يتقي ودي
واغيب فجأه كما ذكرى
فى مركب م اللي بتودي
لكني عاذرو والله
تحياتى مع ودي
ومستني الجراح تشفا
واهى غيمه وحتعدي

# الثقافه فعل فاضح

فى البلاد دي الفهم سُبه
والثقافه فعل فاضح
والكتابه تنهي عُمرك
واللي باقي يادوب روايح
جُثتك مرميه واضحه
ل اللي جاي بعدك يا فالح
لو غامرت فتحت بُقك
أو رغيت وعملت ناصح
أو نويت تبدأ تعافر
ضد كُل بذيء وقارح
واكتفيت بس بمبادئك
تسندك ضد المصالح
يبقى عادى ساعتها جداً
بالقانون وكتير لوايح
كُلو يغسل إيدو منك
واللي جاي قال ل اللى رايح
عن رعونتك عن جنونك
يا ابو عقل غباوه طارح
ليل نهار زاعق بتنكر
شىء كشمس الضُهر واضح
كُلهم عارفينوا جداً
مؤمنين ومافيش مقاوح
فى البلاد دي الفهم سُبه
والثقافه فعل واضح

# السكوت

لما ما بيكونش عندك
غير يادوب بس السكوت
وانتظار لو طاقه تفتح
للشُعاع يقدر يفوت
والحنين وتمني تطرح
زهرتك من بعد موت
يفتكر طيرك يغرد
والغُنا يملا البيوت
ب ابقى حاسك
ب ابقى عارفك
أصلى زيك فى السكوت
واللي عندى يادوب دُعايا
وانى اطول فى القُنوت
يمكن الدُنيا تصالحنا
ويبقى فيه غير السكوت

# مشيها ان احنا دوله

مشيها ان احنا دوله!
بس ادينى الدليل؟
سكتني بأي حاجه
حتى ولو كان قليل
غير تطبيل المعرص
والخاين والعويل
عُشاق غنج الغوازي
ومافيش غيرك بديل
ومعاك ان شالله تخرب
(واهي خربت ياجميل)
يازعيم الكون يا مُلهم
ياابو الباع الطويل
فى النصب وأي حاجه
غير تدينى الدليل
فأقدر امشيها دوله
وانكر شكي الطويل
اطول من عُمر جدي
واللي استنى البديل
لكن كان حظو حظي
ما لقاش غير العويل
ووراه هتيفه يا ما
وغوازي وشُغل ليل
وكتير شايلين مباخر
وعيال بالشخاليل
هيصه ومولد ياطيب
وأصبُر ح نجيب دليل
لكن مشيها دوله
واجمد خليك أصيل
يتحمل أي كارثه
وبيحمد ع القليل

زيك زي اللى راحوا
ولا سمعوا عن الدليل

# مُش جديد العك فيها

مُش جديد العك فيها
ومش جديد الوقف حال
طبعها الأبدي وهواها
مكمله وحتى الزوال
بالسقوط وحنين قاتلها
للتحوت شِبه الرجال
للخصي وللبغايا
واللى أشباه البغال
واللي ما يقدرش يرفع
راسو أو يسأل سؤال
عن حقوقو وعن كرامتو
وعدل ابعد م المُحال
عُمرو ما اتجاسر وقرب
مر من جنب العيال
وابتسم تمتم حتفرج
أو همس طبطب وقال
انتهى العك وخلصنا
راح فى داهيه الوقف حال
حنعالجها من غرامها
بالبغايا وبالبغال
وانتظر واحلم ياواهم
مهما بيك الحلم طال
اما لو فاهم ف طبعاً
مُستحيل تسأل سؤال
امتى فيها العك يخلص؟
امتى تنهي الوقف حال؟

# طوابير البطاطس

ل الألوف الساكنه سجنك
من بنات لشباب لفارس
قضى عُمرو يصون تُرابك
وانتفضلك يا ما حارس
واما ثورتى اداكى دمو
ما اتخاذلش وكان مآيِس
إن فجرك جاى حتماً
والجميع بالحلم هامس
لأ دا صار بالحلم زاعق
حتى أطفال المدارس
بُكره ليكي وبُكره فيكي
ثوره مُش طوابير بطاطس
ياللى صار الهم بطنك
كُل خطوه بألف حارس
هِمهُم لازم تجوعي
ويبقى فيكى الكُل حابس
دمعتو وحُرقة حنينو
وانكسار مخنوق وهامس
ل الألوف الساكنه سجنك
من بنات لشباب لفارس
حلمُهُم كان بيكى دوله
مُش طوابير البطاطس
ولسا فيه طوابير كتيره
طول مافيكى الكُل حايس
بين ركوع عاشقاه بطبعك
وانهيار لُه ألف حارس
كُل ما تشبى تلاقيهم
م الطماطم للبطاطس
حولوكى طابور مُخنث
خلوا كُل مافيكى مايص

كُل حِلمو يادوب فى لُقمه
فى الطماطم فى البطاطس
ولا عزاء ل أُلوف فى سجنك
من بنات لشباب لفارس


كُل حِلمو يادوب فى لُقمه
فى الطماطم فى البطاطس
ولا عزاء ل أُلوف فى سجنك
من بنات لشباب لفارس

# فرحة الحالمين بعيده

فرحة الحالمين بعيده
دمعُهم بس القُريب
حظُهُم دايماً معاند
بختُهم على طول مخيب
عُمرو بُكرا ماكان بتاعهُم
أو فى يوم فكر يطيب
جرحُهُم رغم انو واضح
للبعيد قبل القُريب
بس فى الحالمين وداعه
وصبر على الأيام يشيب
والحنين والشوق فريضه
مهما شافوا وحد عيب
أو لمز هُم مره تافه
طأطأوها وقالوا طيب
دُنيا تعمل ما بدالها
وربك الحنان يطيب
جرحنا ويُجبُر خاطرنا
تِنصلح يمكن قُريب

# قاتل وشاهد

أيام جابت أخرها
بس بأوسخ مشاهد
لكن؟ يوصل وسخها
بالقاتل يبقى شاهد؟
أيوه وتخرس وتسمع
أو يبقى الكُل شاهد
إنك إخونجى مُجرم
أو أقلو يقولوا جاحد
فيها ايه؟
لما ف بلدنا القاتل
يبقى شاهد؟
خلى السسبنص يعلى
ونشوف أحلى المشاهد
لكن بُقّك حيفتح؟
تُربه وعلى راسها شاهد
بيقول إرهابي كافر
رافض أبداً يشاهد
العدل فى أزهى صوره
قاتل واهو فجأه شاهد

# طبعها

بارزه وباينه ف ملامحك
ف عيونك غدرها
طبع الأيام ووجعك
ومشاكل حصرها
أصعب م العد واكتر
من إن تعدها
وحدك على صخره قاعد
وبتُمضُغ همها
وبعدد الموج فى بحرك
تتنهد بعدها
شارخه التنهيده صدرك
فيك راشق سهمها
كُل الأيام بتتشبه
فى الأخر بعضها
بانت فضت سامرها
كشفتلك وشها
كتبت أخر الروايه
وبيتين من شِعرها
وانتا المستنى تطرح
وينوبك تمرها
وغُناها يعود يهزك
وتبوحلك سرها
لكن خِلصِت وبانت
كشفتلك وشها
وأديك ع الصخره قاعد
وبتُمضُغ مُرها
والصمت وطولو ليلك
وبيتين من شِعرها
ونسك بس ف رحيلك
لمداين بعدها

م الصمت وطول غيابك
ومباهج فُتها
زي مافاتها اللي قبلك
وادتهُم ضهرها
طبع الأيام ولازم
فيك حتماً طبعها

# لو وِقِفت نويت اعاتب

لو وقِفت نويت اعاتب
يبقى تانى مافيش مسير
يبقى لازم ألف قعده
وألف مية مليار حصير
خلق ياما وناس كتيره
والعتاب يمكن يصير
أقوى من طبع احتمالي
أقوى من قلبي الحسير
والوجع من دُنيا ياما
دوبت فيها عتاب وسير
لسا تاني ح الوم واعاتب
كُل مره واعود كسير
بالوعود الجاهزه أسف
غصب عنى لعلُو خير
قلبك ابيض وانتا طيب
والحياه فيها الكتير
مشي حالك هدى بالك
وابتسم كمل مسير
ب ابتسم بس بمراره
واسند القلب الكسير
همسي فيا بيملى روحى
بالغيوم ومرار كتير
لو وقفت وقُلت اعاتب
يبقى تاني مافيش مسير

# ب اعذُرك

ب اعذُرك اكتر ما ب اعذُر
نفسي واديك اختيار
لو حتُهجر تانى قوللي
ومهما حيكون القرار
حتلاقينى باقول ومالو
حظي منك الانتظار
مُش خُضوع ولاضعف منى
بس اهو بجملة مرار
عشتو وب اعيشو وح اعيشو
لحد ماتهدالي نار
واشتعال دايم فى قلبى
يوم ماكان منو القرار
إن يعشق حتى ظُلمك
حتى هجرك والمرار
كُل ما أقرب بتبعد
عشقك الدايم فرار
تختفي وعلى طول مسافر
والغياب تختارو دار
لف كُل الكون حترجع
تانى وتخُش المدار
فين حتلقى؟ زي عاشق
يُعذُرك أكتر ما يُعذُر
نفسو! يديك اختيار
لو حتُهجُر بس قوللي
أبدء أزرع فى المرار

# شوقك للناس

شوقك للناس ح يذلك؟
توب عنو وشد عليه
سيفونات الدُنيا بحالها
من غير ازاى؟ ولا ليه؟
ريح م العك دماغك
واوعى تفكر تحنيه
واللى يعوزك ح يجيلك
ويا أهلاً مرحب بيه
مُش فاضى؟ ب ألف سلامه
ولمامتو الله يخليه
بسلامتو اهو فضى مكانو
ل اللى جاى ف يوم بعديه
وبسيطه القصه وجداً
شد ووصل واديه
الأخ الشارد جنبك
وهموم الدُنيا عليه
دلو على الصح وقول لُه
ع الحل اللى انتا ناويه
شوقك للناس حيذلك
توب عنو وشد عليه
سيفونات الدُنيا بحالها
من غير ازاي؟ ولا ليه؟

# رايحه فين

رايحه فين الدُنيا بيك؟
رغم غمك. رغم وجعك
رغم كُل الحُزن فيك
شاده حيلها وراكبه خيلها
وجايبه كُل اللوم عليك
ليل نهار عماله تندب
ع اللى منك واللى ليك
وان ضباب يحجب قمرها
أو غيوم تلزقها فيك
تجمع الكُفار ويبدء
جَلَدَها وتبكيتها ليك
وانتا مستنيها تطرح
تبتسم تنده عليك
أو تحُط فعينها حصوه
مره وتسلم عليك
رغم كُل اللى انتا عارفو
ومنها شايفو بدون شريك
رغم كُل نزيف مشاعرك
والسراب بس ف إيديك
لسا مستنيها تطرح
مره والطرح يناديك
يا اخي تباً ثُم تباً
ثُم تباً طُز فيك

# حنضل

حنضل و أديني باشرب
طعم الأيام معايا
فى الصُبح تجيب أخرها
بالليل تضمر نوايا
تسهر تفضل تخطط
وتجهز ف البلايا
حِلِفِت ماهى فارده بوزها
ولا ناويه تجيب نهايه
للنحس اللى ملازمنى
صُبحى وضُهري ومسايا
مع انى لا كُنت مُذنب
ولا كُنت من البغايا
باين للكُل واضح
لا عك ولا خفايا
واللي ف قلبى ف لسانى
ولا يوم بيت معايا
حِقد وتخطيط ليالي
وحبال كيد الولايا
وبدايلي؟ الصمت طبعاً
واكتم جوا الحنايا

# حواديت دمويه قبل النوم

حواديت دمويه طازه
بالصوره وبالكلام
يحكيها ف كُل ليله
صاحب الشُرطه الهُمام
لحبيبو ونن عينو
حاكمنا ابن الحرام
يسقيه م الدم يشرب
علشان يعرف ينام
يبدء يعرض فى صورو
ويكمل بالكلام
قطعنا الليله جُثه
وعملنا كمان برام
من كم كلب معارضنا
بيلسِن ع النظام
وقفشنا الليله كافر
بيقولوا عليه إمام
بيجاهر بالحقيقه
بالحِل وبالحرام
بيقول مولاكو ظالم
وبيلعن فى المقام
السامي بتاع سعادتك
واتريق ع المدام
خدنا الجنسيه منو
ومنعناه الكلام
خلينا الناس بتِتلطُّم
زودنالهُم سخام
ورسمنالهُم مداين
م الوهم ووهم الكلام
سكنوها لقوها باشت
ركعوا وشكروا النظام

ودعولك تبقى خالد
ويدوم بيك المقام
تفضل لبلدنا حاكم
هتفوا بيحيا الهُمام
حاكمنا ونن عينا
سيدنا (ابن الحرام)

# ساجن الحريم

كلب بينهش فى عضمك
هاتك خِدر العذارى
حتى حريمك فى سجنك
ومافيش ايه العباره
لا صرختى ولا انتفضتى
ولا هددتي ب إشاره
ولسا الفرعون فى أرضك
لسا ونفس السُلاله
لامم أوسخ مافيكي
عفنك طرح الزباله
جواسيسك مُخبرينك
وهامان وكتير حُثاله
دايسين ع الحق فيكي
مالينك بالسفاله
خُصيناهُم طبالينهُم
وعبيطهُم ذو الرياله
وعبيد لإله مخوخ
أهبل محشي بنشاره
عنطوز ع الفاضي تافه
فى الفعِل وفى القواله
ما يجيبش خيال مآته
لكن يا دي الخُساره!
مسموع الحس فيكى
ومصمم ع الرزاله
وحُثاله مصدقينوا
واصلين حد الرساله
والوحي عليه بينزل
ف بيعمل ما بدا له
مع إن الأمر واضح
مش محتاج استشاره

فرعون واهبل وخايب
دايرك دُكان بقاله
من كُتر الخوف فى جوفو
هاتك خِدر العذارى
حتى حريمك سجنهُم
من رعبو من العباره
تكبر تطرح فى أرضك
تدى الناس الإشاره
عن إنو إله مخوخ
أهبل محشي بنشاره
مع أول ريح حيخلص
وف سجنك مية إشاره
إن الأتباع بتتنقص
والجاى مليان مراره
لإله مرعوب مخوخ
أهبل مليان نشاره

# الشعب ابن الحرام

فى بلاد كار هه الكتابه
كار هه ثقافه و علام
مسمو حلك بس فيها
بالتافه م الكلام
أو تلميع المباخر
وتنافق للنظام
وان يوم فكرت تكتب
تبقى نهايتك سخام
حتشرف عند سادي
ويقابلك بابتسام
يفضل يطحن فى عضمك
وينادى ولاد حرام
ويشاركوه الضحيه
مع نفس الإبتسام
مع سب على اللي جابك
أو غواك العلام
يا بن ملوك الرذيله
يالعين يا بن الحرام
والسادي دا برضو جدو
سمع جدك كلام
شتمو بنفس الشتيمه
وناداه يا بن الحرام
سجنو بنفس الجريمه
فى سجون نفس النظام
كان أيامها العساكر
لسا ماعملوش لجام
ماسكين شعرة معاويه
بيبادلونا الكلام
دلوقتى خلاص أوامر
واخرس يا بن الحرام

ويجيبوا ف سيرة أُمك
ياعشيره من اللئام
مايجوش غير بالعصايه
ولابُد من اللجام
نسيُم شعرة معاويه
ماخلاص طاب المقام
وبقينا احنا الزباله
وبقينا ولاد حرام
فى بلاد كارهه لتاريخها
ولفرسانها العظام
وتاريخها بدايتو يوليو
مع عسكرها السخام
بقوا هُما سيادها فجأه
والشعب بن الحرام
فى بلاد كارهه الكتابه
عن غير دول العظام
بايعينها مشردينها
وبتدبيهُم تمام

# إياك تزهق من حلمك

إياك تزهق من حلمك
يسقط نايك من إيدك
تقفل كهفك على نفسك
تبدأ تعزف تنهيدك
ترمي الايام ورا ضهرك
تقتل جواك مواعيدك
مع حلم وكُنت مصمم
توصللو ويمسك إيدك
مهما الأيام ح تعاند
لازم يوصللو بريدك
وتدوق م الدُنيا عسلها
وتنادي تقوللو يزيدك
أحلام أفراح وأماني
وابدأ جهِز فيك عيدك
وا تو حِد فيك مع حلمك
خليه كما نبض وريدك
من غير الحلم حتدبل
تقطع شرايينها لإيدك
ف اتسند يلا وكمل
لازم يوصللو بريدك

# شرم وبسكلته ودم

الدم ف كُل حته
وانتا ف شرمك سعيد
ياجميل ع البسكلته
يا ابو الطقم الجديد
نضاره وطقم قشطه
وتغور سيرة العبيد
عيله واحده دافنه سته!
فى المنيا فى الصعيد
رايحين الدير يصلوا
ماكانوش شايلين ف إيد
لاسلاح ولا أى حاجه
غير بس يادوب نشيد
صلوات للرب يرضى
والخير ع الناس يفيض
يُرزُقهُم بسكلته
وتي شيرت يكون جديد
ويروحوا الشرم يمكن
لو جاهُم عام سعيد
لكن خِلصِت بموته
نعش ومكتوب شهيد
وسابو الك شرم وحدك
انتا وشله وبريد
مفتوح ع الكُل إلا
إلا ولاد العبيد
ما اداكش رساله حتى
عن (ناسك)فى الصعيد
من عيله دفنا سته!
وما اتهزش فيك وريد
تلغى المولد فى شرمك
وتعزى كتير عبيد

# ملحمة النقاب

خُلصِت كُل المشاكل
وسخامنا اللى احنا فيه
سددنا ديون كتيره
ولاحدش لُه جنيه!
ودفعنا القرض كُلو
واللى مانعرفش ليه؟
أخدوه أصلاً ياعمى
صرفوه أصلاً فى ايه؟
مابقاش غير حاجه واحده
شاغله دماغهُم وايه؟
كُلو بيفتى بمزاجو
كُلو يشاور عليه
لازم تخلع نقابها
ولازم فيه تحتو ايه؟
واحده وشايفاها عفه
قولي يضايقك فى ايه؟
قانعه وراضيه بنقابها
هيا اللي بتشتريه
مادفعتش حاجه انتا
ف طبيعى مالكش فيه
لاقالت لك هاتلى تمنو
ولا اتبرع يابيه
وماحدش فينا لامك
لَبِست مراتك ايه
أو لوجيت للحقيقه
قَلَعت مراتك ايه؟
علشان يتقال تمدُن
وحضاره وأبصر ايه
لو فى المقلوع حضاره
كان القرد تلاقيه

مكتوب ع الحمراط...
سيدكُم واجدعها بيه

# Don't miss out!

Visit the website below and you can sign up to receive emails whenever طارق التريري publishes a new book. There's no charge and no obligation.

https://books2read.com/r/B-A-KEUT-THTYB

BOOKS 2 READ

Connecting independent readers to independent writers.

Did you love ‫وجع القصيده؟‬ Then you should read ‫لاجديد‬ by ‫طارق‬
‫التريري‬!

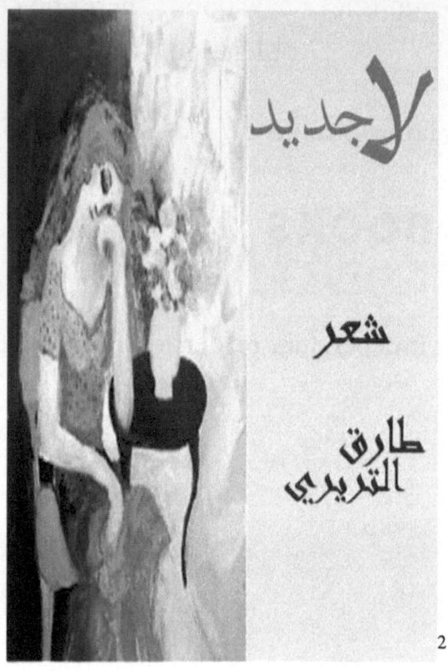

‫لاجديد ديوان شعر من سلسلة الأعمال الكامله لطارق التريري والبالغة 22 ديوان‬
‫شعر‬

Read more at tarqablog.blogspot.com.

---


1. https://books2read.com/u/4NjEXJ

2. https://books2read.com/u/4NjEXJ

# About the Author

منشوراتي

في بلاد الأي حد

قلبي اللي عشقك

إنفصامستان

وجع القصيده

كُل العساكر كدابين

الصُبح في بلادي

شباكي الفاتح

سُلطان العاشقين

قُليل لما باشتاقلي

دوايرك

دم الحُسين

على باب الله

صباح القُدس

عند باب الحلم

لماكانت مصر دوله